THE SLANGUAGE OF LOVE

WITHDRAWN

HOW TO SPEAK the LANGUAGE of LOVE in 10 DIFFERENT LANGUAGES

MIKE ELLIS

GIBBS SMITH
TO ENRICH AND INSPIRE HUMANKIND

Dedicated to Suzanne, Virginia, Mikey, and Phidgette

First Edition
19 18 17 16 15   5 4 3 2 1

Text © 2015 Mike Ellis
Illustrations © 2015 Rupert Bottenberg, except illustrations of owl on pages 7, 48, 81, 89 © 2015 April Turner/Shutterstock.com; cup on page 9 © 2015 iconizer/Shutterstock.com; dot on pages 28, 38, 62, 63, 96; cross on page 38 © 2015 Pictogram studio/Shutterstock.com; knot on pages 38, 85 © 2015 Wiktoria Pawlak/Shutterstock.com; yeti on pages 44, 60 © 2015 Reno Martin/Shutterstock.com; guppy on pages 53, 63, 95 © 2015 Voropaev Vasiliy/Shutterstock.com; monkey on page 90 © 2015 yyang/Shutterstock.com; peace sign on page 91 © 2015 GlOck/Shutterstock.com

Published by
Gibbs Smith
P.O. Box 667
Layton, Utah 84041

1.800.835.4993 orders
www.gibbs-smith.com

Designed by Katie Jennings Design
Printed and bound in Hong Kong

Gibbs Smith books are printed on paper produced from sustainable PEFC-certified forest/controlled wood source. Learn more at www.pefc.org.
Printed and bound in Hong Kong

Library of Congress Cataloging-in-Publication Number 2015004777
ISBN 13: 978-1-4236-3931-2

HOW TO USE THIS BOOK

If you've always been curious about how to speak the language of love in another language, but traditional methods seemed too complicated or time consuming, this book is for you! It includes 27 phrases translated into 10 different languages that you can use to chat up someone who's caught your eye, set the mood for that special rendezvous, or profess your undying love for your sweetheart. Just follow the directions below and soon you'll be able to confidently speak the language of love around the world.

• Follow the illustrated prompts and practice saying the phrase quickly and smoothly.

• Emphasize the words or syllables highlighted in red.

• A strikethrough means you don't pronounce that letter.

• Draw your own pictures to help with memorization and pronunciation.

Note: This book may produce Americanized versions of the various languages featured.

For free sound bytes, visit slanguage.com.

YOU'RE CUTE

FRENCH
Tu es mignon

2A Mean Yawn

SPANISH
Eres lindo

Ed Ace Lean Doe

ITALIAN
Sei carino

Say Cod Dean Oh

4

Vote Say Eh Ooh

McGraw Sat

Ease Uh Care Toe

Men Nose

Due Biz Stew Pitch

Ты мила
Ty mila

Tee Meal Ah

你很可爱
Nǐ hěn kě'ài

Knee Hunk Uh Eye

あなたは可愛い
Anata wa kawaii

On Notta What
Kuh Why E

당신은 귀여워
Dangsin-eun gwiyeowo

Tongue Shin 'n
Key Owl Wah

YOU'RE SWEET

FRENCH
Tu es doux
2A Due

SPANISH
Tú eres dulce
2 Ed Ace Duel Say

ITALIAN
Sei dolce
Say Dole Chay

PORTUGUESE
Você doce

Vote Say Aid Doe See

GREEK
Είσαι γλυκός
Eísai glykós

Ease Hay Gully Coast

GERMAN
Du bist süß

Due Bist Zeus

RUSSIAN
Моя сладенькая
Moya sladen'kaya

Moy Yeah Slaw Dink

Cup

CHINESE
你很可爱
Nǐ hěn kě'ài

Knee Hunk Coo Eye

JAPANESE
あなたは可愛い人
Anata wa kawaii hito

On Notta Wok

Hawaii Toe

KOREAN
당신은 다정해
*Dangsin-eun
dajeonghae*

Tongue Shin In Da

Junk Hay

YOU HAVE BEAUTIFUL EYES

Tu as de beaux yeux

2 Odd Duh Bosom You

Tu tienes bellos ojos

2 Tee Any's Bay Yo

Sew Hoes

Hai dei begli occhi

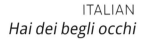

Eye Day Belly Oak Key

PORTUGUESE
Você tem olhos lindos

Vote Say Tame Oh

Loose Lean Dues

GREEK
Έχετε όμορφα μάτια
Échete ómorfa mátia

Eh Key Tay Oh More

Fah Ma Tee Ah

GERMAN
Du hast schöne Augen

Do Has't Shoe Now Gun

RUSSIAN
У тебя красивые глаза
U tebya krasivyye glaza

Boot Tee Bell Crass

Seive Yeah Glows Ah

CHINESE
你有一双美丽的眼睛
Nǐ yǒu yīshuāng měilì de yǎnjīng

Knee Yo Yeesh Young

May Lee Day Young Jing

あなたの目は美しい
Anata no me wa
utsukushī

On Notta No Me

What's Coo She

Tongue Shin None

당신은 아름다
운 눈을 가지고
Dangsin-eun aleumdaun
nun-eul gajigo

Alume Down Noon'll

Got Tee Go

YOU'RE SEXY

FRENCH
Tu es sexy

2A Sexy

SPANISH
Tú eres sexy

2 Ed Ace Sexy

ITALIAN
Sei sexy

Say Sexy

PORTUGUESE
Você é sexy

Vote Say Ah Sexy

GREEK
Είσαι σέξι
Eísai séxi

Ace Uh Sexy

GERMAN
Du bist sexy

Due Bist Sexy

RUSSIAN
Ты сексуальна
Ty seksual'na

Tay Sex Soil Nuh

CHINESE
你很性感
Nǐ hěn xìnggǎn

Knee Hun Sheen Gun

あなたはセクシー
Anata wa sekushī

On Notta What

Sex She

당신은 섹시해
Dangsin-eun segsihae

Tongue Shin In

Sexy Hay

I LIKE YOU A LOT

FRENCH
Je t'aime beaucoup

  Jet Temp Bow Coo

SPANISH
Me gustas mucho

May Goosed Us Mooch Oh

Me Pea Yaeht

Chee Tawn Toe

Ghost Oh Moo We

Toe Dee Vote Say

GREEK
Μου αρέσεις πολύ
Mou aréseis polý

Moo Are Aces Boy Lee

Ich mag dich sehr

Ick Mag Dick's Air

Ты мне очень
нравишься
*Ty mne ochen'
nravish'sya*

Tee Mean Yo Chen

Ravish Said

我非常喜欢你
Wǒ fēicháng xǐhuān nǐ

Woe Fee Chong

See 1 Knee

あなたがとても好き
Anata ga totemo suki

On Notta Go To

Tame Oh Ski

당신이 정말 좋아요
Dangsin-i jeongmal joh-ayo

Tongue Shin Knee

Tongue May 2 Eye Oh

DO YOU WANT TO GO OUT?

FRENCH
Voulez-vous sortir avec moi?

Voo Lay Voo Sore Tier Ah Veck M'Wah?

SPANISH
¿Quieres salir?

Key Ed Ace All Ear?

22

ITALIAN
Vuoi uscire?

Void You She'd Eh?

PORTUGUESE
Você quer sair?

Vote Say Care Sorry?

GREEK
Θέλετε να βγείτε;
Thélete na vgeíte?

They Let Ten Novel Geek Tay?

GERMAN
Willst du ausgehen?

Vill Stew House Gain?

Давай сходим на
свидание
*Davay skhodim na
svidaniye*

Device Hoe Dim Nas
Vee Dan Yeah

你想出去吗?
Nǐ xiǎngchūqù ma?

Knee Sang Chew
Chee Ma?

JAPANESE
出かけましょうか?
Dekakemashou ka?

Day Cocky Ma Show Cut

KOREAN
데이트를 원하나요?
Deiteuleul wonhanayo?

Day True 1 Eye Night Yo

CALL ME

FRENCH
Appelle-moi

Up Pell Lame Wah

SPANISH
Llámame

Yacht Ma May

ITALIAN
Chiamami

Key Ah Mommy

PORTUGUESE
Me liga

Me League Ah

GREEK
Τηλεφώνησέ μου
Tilefóni sé mou

Tilly Funny Sim Moo

GERMAN
Ruf mich an

Roof Mick Ann

RUSSIAN
Позвони мне
Pozvoni mne

Pose Vah Knee'm Yeah

CHINESE
打电话给我
Da diànhuà gei wo

Dot Din Wog Gay Woe

JAPANESE
電話してね
Denwa shite ne

Den Washed In Net

KOREAN
나에게 전화해
Naege jeonhwahae

Naggy Jonah Hay

I LOVE YOUR SMILE

FRENCH
J'aime ton sourire

Gem Taunt Sue Rear

SPANISH
Me encanta tu sonrisa

Main Con Tot 2

Sewn Risa

29

Me Pea Yacht Chay Eel

2 Sewed Ease Oh

PORTUGUESE
Eu amo o seu sorriso

Ew Wah Moose Oh

Sew He Sew

GREEK
Αγαπώ το
χαμόγελό σου
*Agapó to
chamógeló sou*

Ah Gup Poe Toe Ham

Oh Gay Low Sue

GERMAN
Ich liebe dein Lächeln

Ick Leap Uh Dine

Lay Ken

Я люблю твою улыбку
Ya lyublyu tvoyu ulybku

Yellow Blue'd Vie

You Oh Len Coat

我喜欢你的微笑
Wǒ xǐhuān nǐ de wéixiào

Woe She 1 Need

Uh Way Shout

JAPANESE
あなたの笑顔が大好き
Anatanoegao ga daisuki

On Notta No Eggo

God Dice Key

KOREAN
나는 당신의 미소를
사랑해
*Naneun dangsin-ui
miso leul salanghae*

Nan In Tan Shin

Eh Me Sue Ray

Sod Dong Hay

YOU'RE A DREAM

FRENCH
Tu es un rêve

A♠ 2 Ace On Reu

SPANISH
Eres un sueño

A♠ Ed Ace Soon's

Wayne Yo

ITALIAN
Sei un sogno

Say You'n Sewn Yo

PORTUGUESE
Você é um sonho

Vote Say Yum Soy You

GREEK
Είσαι ένα όνειρο
Eísai éna óneiro

Ease Uh No Knee'd Oh

GERMAN
Du bist ein Traum

Due Biz Tine Trowel Um

RUSSIAN
Ты—мечта
Ty—mechta

Tee Meesh Top

CHINESE
你是一个梦
Nǐ shì yīgè mèng

Knee She Yee Gum Monk

あなたは夢

Anata wa yume

On Notta What You May

당신은 꿈이야

Dangsin-eun kkum iya

Tongue Sin Noon

Coo Me Yacht

YOU ARE BEAUTIFUL

FRENCH
Tu es belle

2A Bell

SPANISH
Eres bella

Ed Ace Bay Yacht

ITALIAN
Sei bella

Say Bell Uh

PORTUGUESE
Você é linda

Vote Say Ale Lean Dot

GREEK
Είσαι όμορφος
Eísai ómorfos

Ease Say Oh More Fuss

GERMAN
Du bist schön

Due Bist Shoe'n

RUSSIAN
Ты прекрасна
Ty prekrasna

Tee Pre Cross Knot

CHINESE
你很美丽
Ni hen meilì

Knee Hun May Lee

On Notta What's

Coo She

Tongue Shin In Al

Limb Duh Oy Oh

FRENCH
Embrasse-moi

Ump Bra's M'Wah

SPANISH
Bésame

Bay Sum May

ITALIAN
Baciami

Botchy Ah Me

PORTUGUESE
Me beija

Me Beige Uh

GREEK
Φίλα με
Fíla me

Fee La May

GERMAN
Küss mich

Cuss Mick

RUSSIAN
Поцелуй меня
Potseluy menya

Pot Solo We Mean

Yacht

吻我
Wěn wǒ

When Woe

キスして
Kisushite

Key Sue Sh'tay

내게 키스해줘
Naege kiseuheajo

Neigh Gay Key

See H_2O

I LOVE YOU

FRENCH
Je t'aime

Jet Temp

SPANISH
Te amo

Tay Ah Moe

ITALIAN
Ti amo

Tee Ah Moe

PORTUGUESE
Eu te amo

Ew Tim

GREEK
Σ 'αγαπώ
S'agapó

Sog Ah Poe

GERMAN
Ich liebe dich

Ick Lee Bit Dick

RUSSIAN
Я тебя люблю
Ya tebya lyublyu

Yeti Bell Lube Blue

CHINESE
我爱你
Wǒ ài nǐ

Woe Eye Knee

JAPANESE
愛しています
Aishiteimasu

Eye Sh'tay Muss Sue

KOREAN
당신을 사랑해
Dangsin-eul salanghae

Tongue Shin Eh

Salon Hay

DO YOU LOVE ME?

FRENCH
Est-ce que tu m'aimes?

Mess Kit 2 Mem?

SPANISH
¿Me amas?

May Yacht Muss?

ITALIAN
Mi ami?

Me Yacht Me?

Você me ama?

Vote Say Me Emma?

GREEK
Μ 'αγαπάς
M 'agapás?

Me Yuck Up Paws?

GERMAN
Liebst du mich?

Leap Stew Mick?

RUSSIAN
Ты любишь меня?
Ty lyubish' menya?

Tay Lube Ish Mean

Yacht?

你爱我吗?
Nǐ ài wǒ ma?

Knee Eye Woe Ma?

私を愛していますか?
Watashi o aishiteimasu ka?

What Tushy Oh Eye Sh'tay Muss Cut?

당신은 날 사랑해요?
Dangsin-eun nal salanghaeyo?

Tongue Shin In Nye Sal Lung Hay Owl?

BE MINE

FRENCH *Sois à moi*	Swami Wah
SPANISH *Se mío*	Say Me Oh
ITALIAN *Sii mio*	See Me Oh

49

PORTUGUESE
Seja meu

Say John May Oh

GREEK
Γίνε δικός μου
Gíne dikós mou

Guinea Day Coach Moe

GERMAN
Sei mein

Sigh Mine

RUSSIAN
Будь моей
Bud' moey

Boys Ma He

CHINESE
做我的人吧
Zuò wǒ de rén ba

Zo Woulda Wren Bah

私のものになって

*Watashi no mono
ni natte*

What Tushy No Moan

Oh Knee Not Tay

내 것이다

Nae geos-ida

Neigh Goosh Dad

IT'S LOVE

FRENCH
C'est l'amour

Say La More

SPANISH
Es el amor

Ace Ella More

ITALIAN
È amore

Aim Ah Mode Eh

PORTUGUESE
É o amor

Aim Oh Ah More

GREEK
Είναι αγάπη
Eínai agápi

Eel Night Guppy

GERMAN
Es ist Liebe

Assist Leap Up

RUSSIAN
Это любовь
Eto lyubov'

Etta Lou Boy

CHINESE
这就是爱
Zhè jiùshì ài

Joe Jew She Eye

JAPANESE
それは愛
Sore wa ai

KOREAN
그것은사랑이다
Geugeos-eun salang ida

Sew Ray Wah Eye

Go Goes In Sew

Long It Dad

HOLD ME TIGHT

FRENCH
Serre-moi dans tes bras

Sarah M'Wah Dawn Tay Bra

SPANISH
Abrázame fuerte

Up Bra Sum May Foo Where Tay

ITALIAN
Stringimi forte

String Jimmy 4 Tay

PORTUGUESE
Abrace-me com força

Up Bra See Me Come
Force Uh

GREEK
Κρατά με σφιχτά
Kratá me sfichtá

Crowd Tah Miss
F'week Tah

GERMAN
Halt mich fest

Halt Mick Fest

RUSSIAN
Держите меня крепче
Derzhi menya krepche

Dare Jean Mean

Yacht Krep Cheek

CHINESE
抱紧我
Bào jin wo

Bow Jean What

JAPANESE
強く抱きしめて
Tsuyoku dakishimete

See Yolk Uh Duck Shimmy Tay

KOREAN
나를 꽉 잡아
Naleul kkwag jab-a

Null Lee Quaek Jab Bah

I ADORE YOU

FRENCH
Je t'adore

Jet Tah Door

SPANISH
Te adoro

Tay Yacht Dodo

ITALIAN
Ti adoro

Tia Dodo

PORTUGUESE
Eu te adoro

Ew Chay Oh Door Roo

GREEK
Σε λατρεύων
Se latrévo

Sue Lot Tray Vote

GERMAN
Ich verehre dich

Ick Vah Ear Uh Dick

RUSSIAN
Я тебя обожаю
Ya tebya obozhayu

Yeti Bear Buy Shy You

我崇拜你
Wǒ chóngbài nǐ

Woe Itch Own Buy

Knee

あなたが大好き
Anata ga daisuki

On Notta Go Die Ski

나는 당신을 좋아해요
Naneun dangsin eul joh-ahaeyo

Nan In Tongue Sin'll

Joe Woe He How

TRUE LOVE

FRENCH
L'amour vrai

La Morph Ray

SPANISH
El amor verdadero

Ella More Very Dot Dade Oh

ITALIAN
Vero amore

Vade Oh Ah Mode Eh

Oh Ah More Very

●

Dot Day Due

GREEK
Η αληθινή αγάπη
I al̲ithini̲ agápi̲

E Ollie Thin Knee

Uh Guppy

Vara Leap Uh

RUSSIAN
Настоящая любовь
Nastoyashchaya lyubov'

Nuss Toy Yes Shell You Boy

CHINESE
真正的爱情
Zhēnzhèng de àiqíng

Jen Chung D'Eye Ching

JAPANESE
真実の愛
Shinjitsu no ai

Sheen Jit Sue No Eye

KOREAN
진정한 사랑
Jinjeonghan salang

Gin Jung Hands Along

YOU AND I

FRENCH
Toi et moi

Twat Aim Wah

SPANISH
Tú y yo

2E Yo

ITALIAN
Tu e io

2 A.E. Oh

PORTUGUESE
Você e eu

Vote Say Eh You

GREEK
Εσύ και εγώ
Esý kai egó

S.E. Kay Hòe

GERMAN
Du und ich

Do 1 Dick

RUSSIAN
Ты и я
Ty i ya

Tee Yacht

CHINESE
你和我
Nǐ hé wǒ

Knee Huh What

JAPANESE
あなたと私
Anatatowatashi

On Notta Toe What

Tah She

KOREAN
당신과 나
Dangsingwa na

Dancing 1 Ah

IT'S MAGIC

FRENCH
C'est magique

Say Ma Shiek

SPANISH
Es magia

Ace Ma He Yacht

ITALIAN
E 'la magia

Eh Llama Jeep Uh

PORTUGUESE
É mágico

Aim Ma Shiek Coo

GREEK
Είναι μαγεία
Eínai mageía

In Numb My Key Uh

GERMAN
Es ist Magie

Assist Muggy

RUSSIAN
Это магия
Eto magiya

Yet Toe Mug Yeah

CHINESE
这有魔力
Zhè yǒu mólì

Jay Oh Moe Lee

それは魔法
Sore wa mahō

Sew Ray Wah Ma Hoe

그것은 마술이다
Geugeos-eun masulida

Goo Go Soon Mass Sue Lee Tab

I'M YOURS

FRENCH
Je suis à toi

Jess We Yacht What

SPANISH
Soy tuyo

Soy 2 Yo

ITALIAN
Sono tuo

Sew No 2 Oh

PORTUGUESE
Eu sou seu

Ew Sew Say Oh

GREEK
Είμαι δικός σου
Eímai dikós sou

E-mail Dee Coast Sue

GERMAN
Ich gehöre dir

Ick Guh Her Uh Deer

RUSSIAN
Я твой
Ya tvoy

Yacht Voiee

CHINESE
我是你的
Wo shì ni de

Woe She Knee Duh

私はあなたのもの
Watashi wa anata no mono

What Tushy 1 Notta No Moan Oh

난 당신 거예요
Nan dangsin geoyeyo

Nan Tongue Sing Go We Oh

DREAM COME TRUE

FRENCH
Rêve devenu réalité

Rev Devil New
Ray Ollie Tay

SPANISH
Sueño hecho realidad

Sue Wayne Yo H.O.
Ray Alley Dad

Moon Sewn Yo Casey Of Air Uh

Sew Yo Tore Nod Oh Ray Alley Dodgy

Όνειρο που έγινε
πραγματικότητα
Óneiro pou égine
pragmatikótita

Oh Nero P'way Heen

Uh Prawn Matty Coat

Tee Top

GERMAN
Traum wird wahr

Trauma Weird Var

RUSSIAN
Мечта сбылась
Mechta sbylas'

Meesh't Us Bull Eyes

CHINESE
美梦成真
Měimèng chéng zhēn

May Monk Chung Jen

JAPANESE
夢がかなう
Yume ga kanau

You Make Uh Con Now

KOREAN
꿈을실현
Kkum-eulsilhyeon

Coomb Lisp Sit Tee Ann

WILL YOU MARRY ME?

FRENCH
Veux-tu m'épouser?

Vit 2 May Poo Say?

SPANISH
¿Te casarías conmigo?

Tay Cost Sod Dee

Us Cone Me Go?

ITALIAN
Mi vuoi sposare?

Me Voice Pose Odd Eh?

Quer se casar comigo?

Care Say Cuss Odd

Comb Me Goo?

GREEK
Θα με παντρευτείς;
Tha me pantrefteís?

The May Pun Drift Ease?

GERMAN
Willst du mich heiraten?

Vill Stew Mick Hire

Rotten?

Ты выйдешь за меня?
Ty vyydesh' za menya?

Day Void Dish Day

Mean Yacht?

你愿意嫁给我吗?
Nǐ yuànyì jià gěi wǒ ma?

Knee Wean Jag Gay

Woe Ma?

結婚して下さいますか？
Kekkon shite kudasai masuka?

Kay Coon Sh'Take Gouda Sigh Muss Cut?

당신은 나와
결혼해줄래요?
Dangsin-eun nawa gyeolhon haejulraeyo?

Tongue Shin In Now

Ah Go Doe In Hay

Joe Ray Owl?

I'M IN THE MOOD

FRENCH
Je suis d'humeur amoureuse

Jess We Due Mur Ah More Ruse

SPANISH
Yo estoy en el ánimo

Yo Ace Toy Anal Lonnie Moe

ITALIAN
Sono in vena

Sew No Een Vein Ah

PORTUGUESE
Eu estou no clima

Ew Ace Toe No

Clean Ma

GREEK
Είμαι στη διάθεση
Eímai sti diáthesi

Emma's Tee Dee

Yacht The See

Ich bin in der Stimmung

Ick Bin In Dares Tim Moan

RUSSIAN
Я в настроении
Ya v nastroyenii

Yah've Nose Try Eenie

CHINESE
我心情很好
Wǒ xīnqíng hěn hǎo

Woe Seen Sing Hen How

JAPANESE
私はその気になっ
ています
*Watashi wa sonoke
ni natte imasu*

What Tushy What

Sew No Key Knee

Knot Hay Muss

KOREAN
나는 기분이에요
Naneun gibun-ieyo

Nan In G~~ive~~ Boon

Yay Yow

I NEED YOU

FRENCH
J'ai besoin de toi

Jay Biz Wand Debt Wah

SPANISH
Te necesito

Tay Neigh Say See

Toe

ITALIAN
Ho bisogno di te

Oh Bees Own Yo Dee Tay

PORTUGUESE
Eu preciso de você

Ew Pray See Sue Dee Vote Say

GREEK
Σε χρειάζομαι
Se chreiázomai

Sake Ready Oz Oh May

GERMAN
Ich brauche dich

Ick Brow Cut Dick

RUSSIAN
Ты мне нужна
Ty mne nuzhna

Tim Knee An Noosh Nah

CHINESE
我需要你
Wǒ xūyào nǐ

Woe See Out Knee

On Notta Guy See Oh

Nan Done See Knee

Pete Away Owl

I MISS YOU

FRENCH
Tu me manques

2 Mem Monk

SPANISH
Te echo de menos

Tay Echo Day May Nose

ITALIAN
Mi manchi

Me Monkey

Sinto sua falta

Seen 2 Sue Uh Fault Uh

Μου λείπεις
Mou leípeis

Moo Lee Peace

Ich vermisse dich

Ick Fair Miss Sue Dick

Я скучаю по тебе
Ya skuchayu po tebe

Yeah Scooch Eh Put

Tee Bee Yeah

CHINESE
我想念你
Wǒ xiǎngniàn nǐ

Woe Shan Knee 'n Knee

JAPANESE
あなたが恋しい
Anata ga koishī

On Notta Got Coy She

KOREAN
당신이 그리워
Dangsin-i geuliwo

Tongue Shin Eagle Lay Oh

LOVE IS ALL THERE IS

L'amour est la seule chose qui compte

La More Eh La Soul

Shows Key Comp't

El amor lo es todo hay

Ella Mode Low Ace

Toe Doe Eye

ITALIAN
È solo l'amore che conta

Eh Sew Lola More

Eh Kay Cone Tah

PORTUGUESE
O amor é tudo o que existe

Ooh Ah Mode Eh 2

Due Kay Ace Easy

GREEK
Η αγάπη είναι
τα πάντα
I agápi̱ eínai
ta pánta

Mia Guppy Nut
Upon Duh

GERMAN
Nichts als Liebe

Nick's All Sleep Bum

RUSSIAN
Любовь—это всё
Lyubov'—eto vso

Lube Boy Yet Of

See Yo

CHINESE
爱是所有
Ài shì suǒyǒu

Eye She Sue Yo

JAPANESE
愛こそすべて
Ai koso subete

Eye Coat Sew Sue Bet Tay

KOREAN
사랑은 모든 존재이다
Salang-eun modeun jonjaeida

Sal Lung Nun Mood WITHDRAWN Den Jen Jay Dot

31901056833751